AF384425

DE
L'INITIATIVE DES LOIS,

OU

RÉFLEXIONS

SUR LES

ASSEMBLÉES DÉLIBÉRANTES.

PAR M. PETITOT.

Les hommes s'accommodent presque toujours mieux des milieux que des extrêmes.

Esprit de Lois, liv. XI, ch. 6.

PARIS,

LE NORMANT, IMPRIMEUR-LIBRAIRE, RUE DE SEINE.

1814.

DE

L'INITIATIVE DES LOIS,

OU

RÉFLEXIONS

SUR LES

ASSEMBLÉES DÉLIBÉRANTES.

———

« LA plupart des peuples d'Europe, dit
» Montesqûieu, sont encore gouvernés par
» les mœurs; mais si, par un long abus de
» pouvoir, le despotisme s'établissoit à un cer-
» tain point, il n'y auroit pas de mœurs ni de
» climat qui tinssent; et dans cette belle partie

» du Monde, la nature humaine souffriroit, au

» moins pour un temps, les insultes qu'on lui

» fait dans les trois autres. »

Tel est l'état d'où nous sortons. Une altération dans les mœurs en a été la suite nécessaire. Nous ne sommes plus ce que nous étions dans l'ancienne monarchie ; nous ne sommes plus ce que nous étions en 1789. Une politique éclairée doit avoir égard à ces différences ; et des considérations sur les mœurs sont indispensables dans toute discussion qui a pour objet les circonstances actuelles.

Nos vœux doivent tendre à ce que tout germe de division soit désormais étouffé. Les prétentions, les haines, les rivalités, doivent céder au besoin impérieux de la tranquillité publique. Craignons de quitter le despotisme pour l'anarchie ; craignons que le désordre ne succède à la crainte ; et n'oublions pas qu'après tant de maux, un gouvernement ferme et modéré, à

(5)

l'abri de toute espèce d'orages, peut seul re-
lever la France de ses ruines.

Deux pièces importantes fixent aujourd'hui
l'attention publique : le projet de constitution
du 6 avril, et la déclaration du roi du 2 mai.

Le projet de constitution a été jugé dès le
moment où il a paru ; l'intérêt personnel s'y
montre hardiment et sans masque ; et c'est un
des traits caractéristiques qui nous frappera,
lorsque nous donnerons des développemens
sur la déplorable altération qui s'est effectuée
dans nos mœurs. Nous ne répéterons pas les
observations qui ont été faites sur ce projet :
la nomination des juges pourroit en offrir de
nouvelles (1) : nous nous en abstiendrons pour

----

(1) S'il étoit possible que des hommes puissans eussent
dicté toutes les nominations des cours de justice de leurs
provinces, afin d'être sûrs de gagner les procès qu'ils
auroient avec leurs voisins, pourroit-on souffrir que cette
iniquité fût perpétuée par la faculté accordée à ces cours de
se renouveler elles-mêmes? L'autorité royale ne seroit-elle
pas l'unique recours des opprimés contre cet horrible abus?

donner toute notre attention à une question
qui n'a pas été traitée à fond, et qui nous paroît la plus importante de toutes.

L'initiative des lois appartiendra-t-elle aux
deux corps représentatifs, ou au Roi? Chaque
membre du sénat ou du corps législatif pourra-
t-il, à la suite d'une motion, proposer un décret
qui sera ensuite soumis à la sanction du Roi?
ou le Roi seul aura-t-il le droit de proposer,
soit des modifications aux anciennes lois, soit
des lois nouvelles, selon que les besoins de
l'administration lui en montreront la nécessité?
Chaque membre du corps législatif aura-t-il le
droit de présenter des projets de finance? ou
le Roi, à la fin de chaque année, se bornera-
t-il à mettre sous les yeux de ce corps les recettes et dépenses de l'exercice, avec un état
présumé des recettes et dépenses de l'année
suivante, lequel état pourra être discuté par le
corps législatif, qui votera les fonds nécessaires?

(7)

Le projet de constitution tranche la question : il donne aux corps représentatifs l'initiative de toutes les lois, de tous les plans de
finances; et ne laisse au Roi que ce *veto* qui a
été si fatal à l'infortuné Louis XVI (1).

La déclaration du Roi ne s'explique pas sur
cet objet : elle dit seulement que *l'impôt sera
librement consenti :* cette déclaration promet,
du reste, tout ce qui peut assurer la liberté
publique et individuelle dans une monarchie
tempérée.

La question de l'initiative restant indécise,
il paroît permis de la discuter.

L'état des mœurs, sous l'ancienne monar-

---

(1) *Art. 5 du projet de constitution :* « Le Roi, le sénat et
le corps législatif concourent à la formation des lois. Les
projets de lois peuvent être également proposés dans le
sénat et dans le corps législatif. Le Roi peut inviter également
ment les deux corps à s'occuper des objets qu'il juge convenables. La sanction du Roi est nécessaire pour le complé-
ment de la loi. »

chie; étant connu par l'histoire, il suffira de rappeler l'esprit qui régnoit en 1789, et de le comparer à l'esprit de l'époque actuelle. Ce parallèle répandra beaucoup de lumières sur la question que nous avons à traiter.

On sent que les traits caractéristiques de ces deux tableaux ne peuvent être pris que parmi les hommes qui, depuis plus de vingt-cinq ans, influent le plus sur l'opinion publique, et surtout dans la capitale, dont les mouvemens sont toujours suivis par les provinces. Le reste de la nation, c'est-à-dire, le plus grand nombre, y est étranger. Heureusement, il a toujours existé parmi nous une multitude de familles fidèles aux anciennes mœurs; mais elles fuyoient l'éclat, n'étoient jamais empressées de se produire; et ce n'étoit pas de leur sein que sortoient les hommes qui figuroient dans nos affaires politiques.

Dès le milieu du siècle dernier, les systèmes

nouveaux avoient beaucoup altéré les idées monarchiques : la liberté eut ses fanatiques, comme l'impiété. Quelque temps après l'avènement de Louis XVI, ce fanatisme parut affoibli. Il eût été de mauvais ton, dans la haute société, de déclamer contre la religion et la monarchie ; mais on avoit la manie des améliorations; on ne révoit que le bonheur public; et les illusions les plus extraordinaires, comme les plus séduisantes, avoient remplacé, chez plusieurs hommes distingués, les vérités de la religion, de la politique et de la morale. Les mœurs d'une douceur charmante et d'une facilité extrême n'avoient plus cette vigueur et cette pureté qui sont nécessaires au soutien des États. On se croyoit heureux, et l'on espéroit le devenir davantage. La générosité, le désintéressement existoient encore dans tout leur abandon ; mais ils n'étoient pas appuyés sur cette force morale que les vieilles maximes pouvoient seules donner. On ne se souvenoit plus que Montesquieu avoit dit qu'il y a beau-; coup à gagner, en fait de mœurs, à garder les anciennes coutumes ; et que , *rappeler les hommes aux maximes anciennes, c'est ordinairement les ramener à la vertu.*

Une guerre lointaine, la vue d'une république naissante, avoient enflammé l'imagination des officiers de l'armée, et leur avoient inspiré, sans qu'ils s'en aperçussent, des principes contraires au système monarchique.

Tous ces spéculateurs inexpérimentés aimoient le Roi; mais ils croyoient travailler à son bonheur, en préparant celui du peuple. Ce peuple qui, dans les grandes villes, et surtout dans la capitale, étoit parvenu à un très-haut degré de corruption, leur paroissoit rempli de douceur, d'innocence et de candeur. Il falloit tout faire pour lui ; on le croyoit incapable d'abuser des bienfaits dont on vouloit le combler.

Ce n'étoit plus au nom de la religion qu'on lui prodiguoit des secours. La charité, qui rend meilleur celui qu'elle soulage, et qui, dans ses largesses, se montre l'instrument d'un Dieu plein de bonté, cette charité étoit devenue ridicule; elle imposoit des devoirs, et supposoit une austérité de mœurs incompatibles avec ces passions douces, ces rêveries agréables, cette tendre mélancolie dont on faisoit ses délices. La bienfaisance avoit remplacé la charité.

Il y avoit peu d'ambition réelle : les plaisirs tranquilles, le calme de la vie privée, la culture des arts de l'esprit paroissoient préférables aux dignités, aux honneurs et aux richesses. Plusieurs seigneurs vivoient dans leurs terres, et s'efforçoient de faire le bonheur de leurs vassaux : l'aisance des villageois étoit augmentée; mais souvent leurs mœurs en souffroient. L'indifférence pour la religion qui étoit alors très-

commune se répandoit par là dans les chau-
mières; les jouissances qu'on alloit chercher,
ou dont on alloit cacher la honte dans des
campagnes isolées y portoient la corruption;
enfin le luxe ingénieux et la vie délicate des
villes transplantés dans les villages, inspiroient
l'envie, et préparoient peut-être les excès auxquels se portèrent ces paysans pour lesquels
leurs seigneurs avoient tout fait.

Au milieu de cette mollesse générale, on
s'entretenoit sans cesse de matières politiques
et économiques, on vouloit tout embellir, tout
perfectionner; et l'on ne sortoit de la tiédeur
et de la légèreté avec lesquelles on considéroit
les grandes vérités de morale et de religion,
que pour s'occuper avec chaleur d'innovations
désirées par tout le monde, à peine comprises
par le grand nombre, et sur lesquelles personne
ne s'accordoit. Le Roi, la famille royale, ses
fidèles serviteurs, s'efforçoient en vain de lutter

contre le torrent. Ce vertueux et excellent prince qui donnoit le plus touchant exemple des mœurs antiques, se trouvoit presque étranger dans une société dont l'opinion étoit pervertie.

Pendant qu'une grande partie de la classe supérieure s'abandonnoit ainsi à des songes qui devoient être suivis d'un réveil si funeste; à Paris et dans les provinces, cette classe, connue alors sous le nom de tiers-état, enrichie par une longue prospérité publique, flattée long-temps par un ministre qui l'avoit rendue juge de ses opérations de finance, s'agitoit aussi pour des innovations. Cette classe, dans laquelle se trouvoient beaucoup d'hommes recommandables par leurs talens et leurs vertus, comptoit plusieurs partisans de la philosophie moderne; ils n'avoient pas la douce bonté et le désintéressement généreux de la classe supérieure : leurs plans étoient moins incertains : des prétentions qu'ils ne prenoient plus la peine de cacher annonçoient clairement une révolution. Cependant la majorité de ces premiers novateurs aimoit le roi et la monarchie : fatigués de l'obscurité, ils vouloient déployer leurs talens sur un grand théâtre; ils ne doutoient pas qu'il seroit en leur pouvoir d'arrêter le mouvement qui se préparoit : une subversion complète étoit loin de leur pensée : quelques jouissances d'amour-propre étoient leur but personnel; et le bonheur idéal du peuple étoit le but général auquel ils croyoient tendre.

Mais il s'étoit glissé parmi eux certains hommes perdus de réputation, flétris par le mépris public, et dont les talens funestes avoient été long-temps un objet d'amusement et de scandale; ils se prétendoient victimes de l'oppression, tandis qu'ils n'existoient que par une trop grande indulgence.

Le tiers-état les reçut en les méprisant ;
croyant qu'ils pouvoient être momentanément
utiles pour déterminer le peuple en faveur des
innovations, il se flattoit de les réprimer sans
peine, et de les chasser de son sein aussitôt que
ces instrumens dangereux seroient devenus
inutiles. Il en arriva tout autrement, et cela
devoit être.

L'initiative des lois fut usurpée par la première assemblée nationale, à la suite d'une
révolte et d'un massacre (14 juillet 1789) ;
alors les passions n'eurent plus de frein, l'orgueil, l'ambition, la haine et la vengeance
furent excités ; leur fureur se convertit en délire,
et la monarchie cessa d'exister au moment où
le sort du Roi et de la Nation dépendit du plus
ou moins d'applaudissemens donnés à une
motion.

Cependant en examinant la composition
première des états-généraux, qui auroit pu

prévoir les désastres qui devoient suivre ? les noms les plus respectables s'y trouvoient : on y voyoit les vertus les plus éminentes et les talens les plus distingués : la presque totalité des membres aimoit le Roi et la monarchie : quiconque eût osé annoncer la moitié des malheurs dont on étoit menacé auroit passé pour un insensé.

Avons-nous aujourd'hui des élémens plus convenables pour former des assemblées délibérantes ? Vingt-cinq ans de troubles, de révolution et de tyrannie ont-ils amélioré nos mœurs ? le danger des motions et des projets de loi est-il moins grand qu'en 1789 ?

Les débats de l'assemblée, dite constituante, et plus encore les scènes sanglantes qui marquèrent la fin de l'assemblée législative et le commencement de la convention avoient ouvert les yeux de la partie saine de la nation. Toutes les illusions excusables étoient dissipées ; mais

il n'étoit plus au pouvoir de personne d'arrêter
l'impulsion qui avoit été donnée à un peuple
égaré et corrompu.

La noblesse et le clergé proscrits, menacés
du massacre, s'étoient retirés chez l'étranger.
Tout ce qui restoit d'honnête dans les autres
classes de la société voyoit sans cesse le glaive
suspendu sur sa tête; et la résignation à des
supplices qui se renouveloient tous les jours,
et qui frappoient les têtes les plus augustes, à
force d'être devenue commune, ne passoit
plus pour une vertu.

Tandis que le parti dominant exerçoit ainsi
ses fureurs, les opprimés cherchoient de toutes
parts à s'isoler : on auroit voulu s'anéantir, se
faire oublier : quelques beaux dévouemens
eurent lieu; mais en général le caractère français fut sensiblement altéré par cette épreuve
terrible; l'amour de la patrie fut presque éteint;
la religion même ne se conserva que dans les

2

provinces révoltées et dans un petit nombre d'âmes pieuses; et, ce qui est vraiment digne de remarque, la plupart des victimes de l'impiété et de l'athéisme n'eurent pas recours au Dieu qui les auroit consolés. La franchise, l'abandon qui caractérisoient autrefois la nation avoient disparu avec le bonheur dont elle avoit joui sous ses rois : la défiance, la réserve leur avoient succédé. L'égoïsme s'empara de presque tous les hommes isolés, ils ne vécurent plus que pour eux-mêmes. Les pères, les époux, les fils furent condamnés à un égoïsme d'une autre espèce : la patrie fut remplacée par la famille : on oublioit tout, on étoit indifférent sur tout, pourvu qu'on pût sauver les personnes auxquelles on étoit attaché par les liens du sang ou de l'amitié.

Les oppresseurs, se livrant d'abord à des fureurs aveugles, acquirent bientôt une funeste expérience. Un tyran s'étoit élevé parmi eux;

tous étoient à ses pieds; ils lui prodiguoient les flatteries les plus dégoûtantes, et ses caprices les plus bizarres étoient aussitôt convertis en décrets; ce tyran met le comble à ses crimes; ils craignent d'être compris dans les dangers qui le menacent; sans balancer, ils le font décheoir de sa puissance, et s'emparent de son héritage. Le sang ne coule plus, il est vrai, tous les jours, sur les échafauds; mais le tribunal révolutionnaire subsiste, les émigrés continuent d'être fusillés et décapités; et en France on se félicite d'avoir échappé à la tyrannie, et d'être enfin sous un régime doux et modéré.

La convention touche au terme de sa carrière; mais, en abdiquant un nom souillé par tant de crimes, elle ne veut pas abdiquer le pouvoir. Buonaparte, par ses ordres, disperse, avec de la mitraille, la garde nationale de Paris, qui vouloit que l'abdication fût entière.

Ainsi, l'on voit cette convention renaître dans un nouvel ordre de choses : le directoire entier est pris dans son sein, et elle compose les deux tiers des conseils.

Ce nouveau gouvernement, qui pratiqua toutes les maximes de la convention, ne différa d'elle qu'en autorisant une licence effrénée. Ce fut ainsi qu'il crut se faire des partisans. La liberté publique et individuelle étoit détruite, mais il fut permis de violer toutes les lois de la morale. L'esprit de famille qui s'étoit maintenu pendant les proscriptions, cessa d'exister. Il n'y eut plus de lien solide entre les époux, les pères, les mères et les enfans. La facilité du divorce excita l'inconstance, et favorisa les passions d'un peuple d'autant plus avide de jouissances qu'il avoit souffert sans fruit les plus horribles persécutions. Le mariage ne fut plus qu'une liaison agréable et passagère : ses devoirs austères

furent méconnus; on ne pensa qu'au plaisir
fugitif qu'il promettoit. Un homme pouvoit
adresser publiquement ses vœux à une femme
mariée. De quoi l'époux dont elle étoit encore aimée pouvoit-il se plaindre ? La femme
n'avoit-elle pas le droit de briser ses liens par
incompatibilité d'humeur, et d'épouser ensuite légitimement le rival qu'elle avoit donné
à son mari ? Ainsi l'on vit se réaliser ce qui
avoit paru une exagération de Juvénal ; une
femme, en cinq ans, put avoir huit maris :

Sic crescit numerus, sic fiunt octo mariti,
Quinque per autumnos.

Il n'existoit plus en France une haute société
qui, en donnant le ton, pût au moins mettre
quelque décence dans les plaisirs. Les nouveaux enrichis n'avoient aucune délicatesse,
aucune éducation : ils ne connoissoient qu'un
luxe grossier, et ne cherchoient que des jouissances brutales. Les fêtes, les orgies se multi-

plioient : presque toutes les classes de la société , à peine échappées à la terreur des
prisons et des échafauds, partageoient ce
honteux enivrement. Les femmes à la mode,
abjurant la pudeur, renonçant à l'ancienne
coquetterie fondée sur le mystère et la décence, ne se couvroient que de draperies
légères, s'efforçoient d'imiter les formes volup-
tueuses des statues grecques, et n'exerçoient
plus d'empire que sur les sens.

Au milieu de ces plaisirs, on emprisonnoit,
on tourmentoit ceux dont les opinions étoient
suspectes ; on fusilloit toujours les émigrés ; et
le directoire, par une lettre adressée à toutes
les administrations de département, ordonnoit
de *désoler la patience des prêtres* (1).

-----

(1) Voici le texte : « Désolez la patience des prêtres ;
» enveloppez-les de votre surveillance : qu'elle les inquiète
» le jour, qu'elle les trouble la nuit ; ne leur donnez pas
» un moment de relâche : que, sans vous voir, ils vous
» sentent partout à chaque instant. »

Ce gouvernement corrupteur avoit voulu établir une nouvelle religion dépouillée de culte, de mystères, de révélation; et l'on ne feroit pas mention de cette secte de théophilantropes, à qui l'on avoit donné toutes les cathédrales de France, si ce vil ressort n'eût été employé pour déchaîner contre les prêtres de nouveaux ennemis.

Une tentative fut faite pour renverser le directoire. On comptoit peu de royalistes dans ce parti, qui succomba le dix-huit fructidor : l'opposition de vues, les défiances réciproques contribuèrent plus à le perdre que la foiblesse des moyens qu'il employa contre des vétérans de la révolution d'autant plus puissans, qu'ils avoient abjuré toute espèce de lois et de principes.

Ce qui restoit d'honneur national n'existoit plus que dans les armées. Sous la convention, des généraux s'étoient formés; et le noble désir de préserver la France d'une invasion, avoit seul animé les braves qui, déplorant les maux de leur patrie, s'étoient en quelque sorte réfugiés dans les camps pour n'être pas témoins et victimes des horreurs qui se commettoient. L'esprit de conquête se forma sous le directoire ; et le même Buonaparte qui avoit cimenté cette puissance par le sang de la garde nationale de Paris, en se montrant digne instrument de l'ambition des directeurs, ne travailla en effet que pour lui-même. Bientôt les Etats voisins de la France furent envahis, et l'on y créa des républiques et des directoires, comme on a vu de nos jours, mais dans des dimensions beaucoup plus grandes, créer des monarchies pour une famille qui prétendoit, en peu de temps, devenir la plus ancienne maison régnante de l'Europe.

L'abjection dans laquelle tomba le directoire ayant rendu sa ruine facile, Buonaparte s'empara du pouvoir, et les intérêts de la convention furent stipulés comme ils l'avoient été au 13 vendémiaire. Les premiers corps de l'Etat, les préfectures, les tribunaux, comptèrent beaucoup de ses membres; et il sembla que la main de Dieu, appesantie sur la France, la condamnât à gémir sans cesse sous cette fatale influence.

En arrivant au règne de Buonaparte, on éprouve une contrainte douloureuse. Les plaies saignent encore, et les souvenirs sont trop récens et trop multipliés pour qu'on puisse se flatter d'indiquer avec précision les atteintes qu'ont reçues les mœurs. En parcourant toutes les branches de l'administration, on y trouvéroit les germes d'une corruption profonde. Il faut donc se borner à ne marquer que quelques-uns des traits qui caractérisent une époque si fatale pour le Monde. Je prie de nouveau qu'on n'oublie pas que, dans ces tableaux de mœurs nécessaires à l'éclaircissement de la question qui m'occupe, je n'ai en vue qu'une partie des hommes qui ont figuré dans les affaires publiques. Le petit nombre a entraîné la nation malgré elle ; il a pu l'égarer quelque temps, sans altérer pour cela, d'une manière irrémédiable, son ancien caractère, également éloigné du despotisme et de la licence ; mais ce petit nombre dominera toujours, si la tribune lui est ouverte de nouveau, et si l'initiative des lois lui permet de ranimer des feux qui ne sont pas encore éteints.

L'avantage du gouvernement d'un seul fit illusion sur le caractère et les projets de Buonaparte. Après tant d'années de désordres et de calamités, on se crut heureux lorsqu'on vit une apparence de règle, et lorsque les tyrannies particulières qui opprimoient les villes, les villages et les plus petits hameaux, disparurent devant un pouvoir absolu. Quelques-uns se flattoient de l'espoir que [Buonaparte pourroit jouer le rôle glorieux de Monk; d'autres, croyant la révolution sans remède, prenoient leur parti sur un gouvernement qui promettoit du moins la sûreté des personnes et l'anéantissement des factions. C'est ce qui explique pourquoi un grand nombre d'hommes honnêtes et vertueux acceptèrent des places de l'usurpateur. Les premières années du consulat annoncèrent d'ailleurs quelque modération. Un code civil rédigé en grande partie par des jurisconsultes éclairés, s'étoit concilié les suffrages, malgré plus d'un sacrifice fait à la corruption de l'époque précédente; et l'on ne croyoit pas que des maux plus irrémédiables que ceux de l'anarchie dussent succéder à de pareils commencemens.

L'armée n'avoit rien perdu de l'excellent esprit qui l'avoit autrefois animée. Eblouie par des entreprises romanesques dont les suites malheureuses ne pouvoient pas être prévues, elle croyoit employer désormais à la défense et à la gloire de la patrie son courage presque toujours invincible. Ses généraux les plus chéris lui avoient été enlevés ; mais, ne soupçonnant pas que son chef pût assouvir ses haines et ses jalousies secrètes à l'aide du mensonge et de la calomnie, elle n'élevoit presque aucun doute sur les accusations dont ces braves avoient été victimes.

Entraînée d'un bout de l'Europe à l'autre sur les pas d'un insensé dont elle ne se dissimuloit pas le peu de valeur personnelle, elle mettoit son honneur à le servir, tant qu'il étoit avoué par la patrie. Ni les privations de toute espèce, ni les dangers sans cesse renaissans, ni l'abandon entier des blessés, des malades et des prisonniers ne pouvoient la détourner de faire ce qu'elle considéroit comme son devoir. Exemple à jamais mémorable de patience et de fidélité ! Qu'il est cruel que tant d'efforts, tant de sacrifices n'aient pas été faits pour une bonne cause ! Mais en même temps qu'il est doux de penser que cette armée si fidèle mettra le comble à sa gloire en servant le meilleur des Rois !

Une grande partie de ceux qui s'étoient dévoués à la cause royale, ne pouvant plus lui être utiles les armes à la main, éprouvoient le besoin de revoir leur patrie. Selon l'expression de Buonaparte, *une porte large, mais basse, leur fut ouverte;* ils furent surveillés, persécutés, humiliés : on leur vendit bien cher quelques débris de leurs biens; et plusieurs regrettèrent la terre étrangère, où du moins l'hospitalité ne les avoit pas fait rougir.

Le même destin étoit réservé aux prêtres. Trompés par un concordat qui devoit être violé aussitôt que conclu, ils espérèrent contribuer au rétablissement de la religion en France.

Leur digne chef, en couronnant l'usurpateur, n'avoit eu que ce pieux motif; indignement persécuté, il renouvela en France l'exemple des martyrs; et si quelque événement humain pouvoit préparer le rétablissement de la religion et la chute de la tyrannie, c'étoit l'aspect d'un vénérable pontife, d'un saint vieillard, détrôné, emprisonné, frappé par l'impie sur la tête duquel il avoit placé le diadême.

Cependant une partie de la nation soupiroit après le retour des anciennes institutions, et quelques écrivains s'étoient rendus ses organes. Ils pensoient que le temps étoit venu d'attaquer les fausses doctrines qui avoient causé tant de maux, d'inspirer à la jeunesse des sentimens de religion, d'exciter son enthousiasme pour les chefs-d'œuvre de nos orateurs sacrés, et de lui inspirer l'amour des grandes vérités qui assurent le repos et le bonheur des hommes, par des réflexions fréquentes sur les écrits immortels du règne de Louis XIV. Il étoit permis d'espérer qu'en rétablissant insensiblement et par la voie de la persuasion les véritables bases de la civilisation, un changement qui devoit nécessairement être produit tôt ou tard par l'excès de la tyrannie, s'opéreroit sans secousse, que les esprits se trouveroient naturellement préparés à cette révolution si désirable, et qu'on pourroit éviter les malheurs et les déchiremens qui suivent trop souvent les changemens politiques. Jamais cause plus belle à soutenir et à défendre ne s'étoit présentée; jamais la littérature n'avoit eu une plus importante mission. Déjà les idées vraiment monarchiques commençoient à renaître; déjà les noms des sophistes commençoient à être flétris; mais Buonaparte leur fit élever des statues, et l'Institut, probablement par ordre supérieur, s'exprima ainsi dans une séance publique (mars 1807).

« Aujourd'hui cette passion malveillante
» (la jalousie) a puisé dans les circonstances
» une nouvelle activité en se liguant avec *l'es-*
» *prit de parti* à qui tous les alliés sont bons,
» en favorisant des préjugés chers à l'igno-
» rance, en servant des ressentimens légitimes
» peut-être dans leurs causes, mais *égarés dans*
» *leurs espérances*, en se retranchant même
» derrière des noms respectés et des principes
» respectables. Tels sont les ressorts qui mettent
» en mouvement cette troupe obscure de dé-
» tracteurs des sciences, des lettres et des arts,
» qui, *sous l'apparence d'une conspiration*
» *purement littéraire, cache des vues plus*
» *profondes* (1). »

Ainsi, l'intention secrète des écrivains dont
il s'agit fut devinée; ainsi d'autres gens de

____

(1) Il est à remarquer que MM. de Bonald et de Château-
briand, et ceux qui pensoient comme eux, étoient déclarés
ennemis des sciences, des lettres et des arts.

lettres ne balancèrent pas à les dénoncer comme criminels d'Etat. La police les poursuivit, les menaça, leur imposa silence; une armée de censeurs fut détachée contre eux. En religion, en politique, en morale, il ne fut plus permis que d'être l'écho officiel des capricieuses volontés du prince.

L'opinion publique se pervertit de plus en plus, et les doctrines flétrissantes de la philosophie moderne reprirent leur empire; les sentimens nobles qui avoient autrefois distingué la nation française s'éteignirent dans presque tous les cœurs; les proscrits n'étoient pas si nombreux que du temps de la convention, et ceux qui en savoient gré à Buonaparte ne réfléchissoient pas que cet allégement étoit le résultat nécessaire du gouvernement d'un seul : en effet, sa tyrannie avoit anéanti toutes les autres; et si l'on compare le nombre des personnes frappées par lui de mort, d'exil et de spoliation avec celui des victimes immolées aux milliers d'oppresseurs dont la convention avoit couvert la France, on ne pourra s'empêcher de convenir qu'il ne le cédoit à aucun de ses prédécesseurs. Si l'on ajoute à ces victimes les millions d'hommes dévorés par la conscription, la comparaison lui sera encore plus défavorable..

L'anarchie régnoit sous la convention; mais au moins on trouvoit facilement des asiles soit en France, soit chez l'étranger : l'égoïsme de cette époque n'avoit pas étouffé entièrement l'amitié et la compassion; mais sous Buonaparte la police perfectionnée, étendant ses bras immenses sur la France et sur l'Europe, ne laissoit aucun refuge au malheureux qui avoit déplu au prince; aussi les proscrits étoient-ils abandonnés : ils étoient, comme sous les empereurs romains, véritablement privés du feu et de l'eau. Ceux qui avoient eu avec eux des relations d'amitié ou d'affaires étoient ingénïeux à leur trouver des torts, et à justifier le prince qui les opprimoit; quelques nobles exceptions se faisoient cependant remarquer ; on les admiroit d'autant plus qu'elles étoient moins communes (1).

On ne pensa plus qu'à son intérêt particulier, et l'isolement devint général, mais il eut un autre caractère que du temps de la convention. En ruinant le commerce, en dégradant toutes les professions particulières, le gouvernement, par une multitude d'inventions fiscales, étoit parvenu à soudoyer une partie de la France. Autant de partisans qu'il avoit cru se faire, autant d'intérêts privés qu'il avoit liés au sien, autant de moyens qu'il s'étoit ménagés pour altérer les mœurs, et pour changer le caractère français. Des traitemens énormes étoient prodigués à des hommes dont les opi-

____

(1) M. de Fontanes, M. Bérenger, et quelques autres, ont donné ce vertueux exemple qui a été peu suivi.

nions étoient plus à craindre que le caractère: De grandes places, sans travail, étoient données à d'autres hommes dont les noms avoient été remarqués dans les révolutions, ou qui avoient autrefois acquis des droits à l'estime publique. La richesse, succédant rapidement à la médiocrité, les· avoit trouvés d'abord modestes et fidèles à leurs principes, mais l'habitude de jouir étoit devenu chez eux un besoin ; leur conscience avoit insensiblement capitulé avec leur intérêt : et il n'y a pas loin de cette position à une abnégation presque entière de toute franchise, et de toute liberté.

Plusieurs de ces riches oisifs ne trouvoient jamais que le gouvernement eût tort : les désastres de l'Europe, les conquêtes lointaines excitoient leur admiration, et ne leur promettoient que des améliorations à leur sort; il sera impossible de croire, dans quelques années, les sophismes auxquels ils avoient recours pour justifier les caprices et les folies de leur souverain ; les Tacite et les Suétone ne présentent rien de plus extraordinaire et de plus humiliant pour l'espèce humaine. L'égoïsme étoit poussé si loin que quelques pères avoient étouffé leur tendresse pour leurs enfans ; ils les sacrifioient au prince, afin de conserver sa faveur ; et l'on en a vu qui faisoient valoir leur mort, comme un titre, pour obtenir de nouvelles grâces.

L'isolement n'étoit donc point, comme sous la convention, l'effet de la terreur : il étoit l'effet de l'égoïsme et de la cupidité, et c'étoit ce que vouloit le gouvernement. Chaque classe de la société étoit attaquée successivement : on privoit arbitrairement des notaires, des avoués, des banquiers, des agens de change de leur état, et chaque classe, concentrée en elle-même, ne prenoit de l'inquiétude que lorsque son tour arrivoit d'être opprimée.

La jeunesse riche qui pouvoit échapper à la conscription perdoit trop communément le caractère de son âge. On ne voyoit plus chez elle ce désintéressement, cette candeur, cette sensibilité qui nous promettoient autrefois des hommes distingués dans l'âge mûr. Elle affectoit la prudence de la vieillesse, calculoit froidement ses plaisirs, et ne considéroit dans les carrières qui lui étoient ouvertes que la fortune rapide qu'on pouvoit y faire. Les illusions n'existoient plus pour elle, et son imagination ne s'égaroit que dans les spéculations dangereuses de l'intérêt personnel. Tel étoit l'effet du système d'un gouvernement, qui avilissoit la religion en paroissant la protéger, qui perdoit les mœurs en voulant les plier à son despotisme, et qui, en affectant de soutenir les sciences et la littérature, étouffoit toutes les voix disposées à combattre la corruption et l'athéisme.

Mais si l'intérêt personnel, fomenté et mis en jeu, altéroit et dénaturoit à ce point les mœurs françaises, quelle corruption plus désastreuse n'étoit-elle pas produite par cette ambition démesurée qui se répandoit dans toutes les classes, et dont le prince donnoit l'exemple !

Un homme presque inconnu s'élève tout à coup, et trois batailles lui livrent l'Italie : l'Égypte et la Syrie retentissent du bruit de son nom et de ses fureurs ; la France le reconnoît pour maître ; l'Europe lutte en vain contre son ascendant féroce ; des flots de sang coulent à sa voix dans toutes les parties du monde civilisé, et la terre se tait devant lui.

L'incrédulité du siècle ne vit point dans ce fléau l'homme envoyé de Dieu pour châtier le monde : elle ne vit en lui que l'homme qui, par ses seuls moyens, étoit parvenu de l'état le plus obscur, au faîte des grandeurs ;

dans ses imprudences , dans ses, fautes, dans ses folies, que la fortune sembloit, contre toute apparence , s'obstiner à favoriser, elle ne considéra que le succès de la violence, de la témérité , de l'audace et d'une volonté forte ; dans ses perfidies diplomatiques, elle admira les détours par lesquels il savoit arriver à son but ; elle en étudia les ruses et les piéges , et se proposa de les prendre pour modèles , et de les imiter en petit , toutes les fois que son intérêt l'exigeroit.

Ainsi, non-seulement, par ses institutions et ses lois, le prince corrompoit la nation, mais ses exemples, ses discours, et la littérature qui célébroit sous le nom de modération tous les abus de la force, faisoient circuler partout le poison.

Les pays envahis et réunis à l'empire étoient un appât séduisant pour l'ambition. Quelques hommes estimables y acceptoient des missions,

et s'en acquittoient avec probité ; mais des lé-
gions d'aventuriers s'y précipitoient : la facilité des exactions excitoit leur cupidité ; ils y
prenoient les habitudes du despotisme, deve-
noient sourds aux réclamations et aux plaintes
des opprimés, et ne songeoient qu'à leur bien-
être au milieu de la désolation générale. Ils per-
doient ainsi le caractère de leur pays ; et leur
unique soin étoit de mettre en pratique la politique et les principes du conquérant. Ces nouveaux riches reviennent la plupart ruinés dans
leur patrie : s'habitueront-ils facilement à la
médiocrité ?

Enfin, dans toutes les classes de la société,
l'ambition fermentoit et devenoit l'unique passion qui tourmentât les hommes. Personne
n'étoit content de son état : tous vouloient en
sortir. L'exemple des fortunes rapides, des avan-
cemens extraordinaires exaltoit toutes les têtes;
et si l'on s'occupe un jour de dépouiller les

mémoires adressés à Buonaparte et à ses ministres, on y verra des prétentions si extrava-
gantes, qu'on demeurera frappé de l'esprit de
vertige qui régnoit à cette époque.

La témérité, l'audace et la perfidie de Buonaparte ont eu malheureusement plus d'un
imitateur. Qui peut assurer que des hommes
puissans par leurs richesses, habitués à tout
oser, ne s'introduiront point dans la chambre
inférieure, et qu'après avoir été les instrumens
de la tyrannie, ils ne deviendront pas les mo-
teurs et les directeurs des factions?

Joignez à cette fermentation si dangereuse,
à ces vices produits par l'anarchie et le despotisme, les haines de parti qui, malheureusement, ne sont pas éteintes, et vous vous serez
fait une idée de l'état des mœurs dans ce moment où l'ancienne monarchie renaît de ses
ruines.

La question que nous avons à traiter se

trouve déjà bien éclaircie par les détails dans lesquels nous sommes entrés. L'esprit public est-il
meilleur qu'en 1789, où une assemblée, composée généralement d'hommes distingués par leurs
lumières et leurs vertus, dégrada le trône, et
prépara sa ruine inévitable? Est-il temps d'ac-
corder à des assemblées délibérantes l'initiative
des lois et la liberté de faire des motions ?

On fait trois objections en faveur de l'initiative des lois, confiée à une représentation
nationale :

1.°. Nous devons être revenus de nos erreurs ;
les maux dont nous avons été accablés sont
pour nous une utile leçon ; nous avons actuellement l'expérience de la vieillesse ;

2.°. Une seule assemblée est dangereuse ;
mais deux chambres, dont l'une peut arrêter
les entreprises de l'autre, présentent beaucoup
d'avantages sans faire craindre d'inconvénient ;

3.°. En Angleterre, l'initiative des lois, la

liberté de faire des motions n'excitent aucun trouble sérieux, et contribuent au contraire à entretenir un bon esprit public.

Nous répondrons successivement à ces trois objections.

On a souvent comparé l'existence des empires à celle des hommes. Les historiens, dans des systèmes plus ingénieux que solides, ont marqué avec soin leur jeunesse, leur âge mûr et leur décrépitude. C'est ainsi que, ne considérant que la surface des choses, et n'ayant point égard aux arrêts impénétrables de la Providence, ils ont cru pouvoir expliquer l'accroissement des États, leur décadence et leurs révolutions. Mais ces comparaisons, presque toujours démenties par les événemens, n'ont point de fondement réel.

En effet, en se bornant à considérer l'Histoire de France sous ce rapport; la monarchie ne paroissoit-elle pas dans sa décrépitude lorsqu'elle se démembroit et tomboit en dissolution sous les foibles successeurs de Charlemagne? et cependant, de quel éclat de jeunesse et de force ne brilla-t-elle pas sous l'auguste famille dont la Providence relève aujourd'hui le trône? Ne paroissoit-elle pas, dans sa décrépitude à la fin du règne de Charles VI, agité par tant de discordes, souillé par tant de massacres, à l'époque où un roi étranger fut couronné dans Paris? et cependant ces calamités, qui sembloient sans remède aux contemporains, ne furent-elles pas suivies des règnes chéris de Charles VII, de Louis XII et de François Ier? Ne paroissoit-elle pas enfin, dans toutes les horreurs de la décrépitude et de l'agonie, sous les règnes si désastreux des trois derniers Valois? et cependant, la France, après avoir été désolée par trente-neuf années de discordes civiles, après avoir été inondée à diverses reprises par des armées étrangères, ne fut-elle pas restaurée par la branche des Bourbons, par cet Henri IV, qui lui rendit la gloire et le bonheur?

Ne comparons donc point les empires aux hommes; et malgré l'état affligeant des mœurs actuelles, espérons que les exemples illustres que nous venons de rappeler se renouvelleront, et que nous devrons notre bonheur, notre gloire et notre régénération morale à l'auguste famille qui remonte sur le trône de ses pères.

Mais en même temps, ne croyons pas, qu'après tant de maux, nous ayons acquis la sagesse et l'expérience de la vieillesse : les hommes de 1789 ont vieilli, mais il s'en est élevé pour qui leurs malheurs ne seront point une leçon; la corruption n'étant pas moindre qu'au commencement de la révolution, l'agitation générale étant peut-être encore plus grande, ne croyons point que la modération puisse prendre un empire absolu dans nos conseils

nationaux; craignons que des esprits turbu-
lens ne s'y introduisent; et souvenons-nous
que, dans les assemblées délibérantes, ces
esprits dangereux entraînent presque toujours
les esprits sages et modérés. Pouvons – nous
espérer une représentation mieux composée
que la première assemblée? Examinons ce
qu'elle a fait, voyons comme elle a été con-
duite, en quelque sorte malgré elle, par un
petit nombre d'hommes pervers ou égarés
aux attentats les plus monstrueux, et frémis-
sons de retomber dans les mêmes attentats
et les mêmes désastres. Eh, dans quel moment la tribune seroit-elle ouverte aux motions et aux projets de loi! à une époque où
les passions, loin d'être étouffées, ne de-
mandent qu'à s'exhaler; à une époque où
toutes les ambitions trompées vont se pré-
cipiter dans cette nouvelle carrière. Il faut
le répéter, nous n'avons pas la sagesse et

l'expérience de la vieillesse ; les passions s'éteignent dans un homme par l'affoiblissement de ses forces et par l'ensemble des réflexions qu'il a pu faire, mais elles ne s'éteignent pas dans une nation où les hommes se renouvellent sans cesse, où les erreurs et le repentir des pères ne sont d'aucun profit pour les enfans. C'est donc avec raison que Duclos, qui étoit un grand observateur, s'est exprimé ainsi : *Chaque homme en particulier s'instruit par ses disgrâces ; mais il semble qu'un peuple entier ne puisse tirer aucun fruit de l'expérience.*

Seconde Objection. « Une seule assemblée » est dangereuse ; mais deux chambres, dont » l'une peut arrêter les entreprises de l'autre, » présentent beaucoup d'avantages, sans faire » craindre d'inconvéniens. »

Il faudroit, pour répondre complètement à cette objection, savoir comment le sénat sera composé, et quelles seront ses attributions. Dans l'incertitude où l'on est sur ces points importans, on ne peut faire que des observations générales, qui suffiront cependant pour prouver que le danger de l'initiative des lois est en France, et dans ce moment, presque aussi grand avec deux chambres qu'avec une seule assemblée.

Sous le directoire il existoit deux chambres, l'une des anciens, l'autre des cinq-cents (1). Certainement dans la première année, les gouvernans et les représentans devoient être parfaitement d'accord ; réunis par les mêmes torts, par les mêmes opinions, par les mêmes intérêts, il étoit difficile de présumer qu'ils n'eussent pas les mêmes vues.

Cependant, dès cette époque, quels scan-

____

(1) Dans cette première année, le directoire étoit entièrement composé de membres de la convention ; les deux tiers des conseils étoient également composés de membres de cette assemblée.

dales ne remarqua-t-on pas dans les deux chambres ? Les orateurs ne cherchoient qu'à plaire à la multitude, et à se faire craindre du gouvernement ; le peuple étoit toujours appelé comme juge des débats qui s'élevoient entre les pouvoirs ; les dénonciations se multiplioient, et la fermentation qui régnoit constamment parmi les représentans entretenoit dans l'Etat une continuelle anarchie. Il est à remarquer qu'entre tant de lois faites à la suite des motions du conseil des cinq-cents, et confirmées par les anciens, il ne s'en trouve presque aucune qui offre un motif d'utilité publique ; au contraire, ces lois n'ont servi qu'à corrompre le peuple et à lui faire oublier ses devoirs les plus sacrés. La loi du divorce, les fils naturels mis au rang des enfans légitimes, les fêtes impies par lesquelles on célébroit la mort du meilleur des Rois, les systèmes monstrueux d'instruction publique étoient les

seules combinaisons que des législateurs livrés
à eux-mêmes, et libres de publier toutes leurs
rêveries, pussent présenter au peuple dont ils
mendioient les applaudissemens.

Ce désir des applaudissemens règne en
France plus que partout ailleurs ; et c'est surtout dans ce pays qu'un homme sacrifiera
tout à un bon mot. Un misérable amour-propre
suffit souvent pour nous entraîner hors de
notre caractère et de nos principes. L'amour
de la patrie, surtout dans ces temps malheureux, est un frein impuissant quand il s'agit
de courir après les jouissances de la vanité. Le
moyen le plus sûr et le plus facile de briller
dans une assemblée législative, est de flatter
les caprices de la multitude ; et, par un ren-
versement de toutes les convenances, le légis-
lateur, qui devroit toujours tendre à réprimer
les fougueuses passions du peuple, ne cherche
e plus souvent qu'à les nourrir et à les exciter.

Si l'on joint à ces égaremens de l'amour-propre, l'ambition et l'intérêt, qui ne connoissent aucun scrupule pour parvenir à leur but, on sentira encore mieux le danger de laisser à tout homme qui fera partie d'un corps représentatif, le pouvoir de troubler l'Etat.

Je termine cet article en faisant la supposition la plus favorable au système que je combats. J'admets que le sénat, ou chambre haute, est entièrement dévoué au Roi et au système monarchique, et qu'il sera toujours disposé à mettre un frein à l'ambition et aux erreurs de l'autre chambre.

Dans cette hypothèse, la chambre inférieure n'en sera que plus disposée à proclamer et à soutenir des opinions populaires une rivalité, inévitable s'élèvera entre elle et le sénat ; elle se regardera comme exclusivement chargée de faire valoir les droits du peuple. Les attaques contre la prérogative royale, contre les mi-

mistres, lui paroîtront des actes de courage et de vertu ; et combien les ambitieux et les intrigans ne sauront-ils pas profiter de ces funestes dispositions !

Nos troubles ne sont malheureusement pas encore assez éloignés pour qu'on ne se souvienne pas des dénominations d'aristocrates et de démocrates. Le peuple les appliquera comme il l'a fait au commencement de la révolution, ou il lui en sera fabriqué d'autres : ce parti se grossira des mécontens et de tous ceux qui regretteront les avantages dont ils jouissoient sous le règne de Buonaparte. Les deux chambres seront les points de ralliement des deux partis ; et l'on ne peut penser sans frémir aux maux que peut produire en France cette occasion perpétuelle de rivalité et de désordres.

Troisième objection. « En Angleterre, l'ini-
» tiative des lois, la liberté de faire des mo-
» tions n'excitent aucun trouble, et contri-

» buent, au contraire, à entretenir un bon
» esprit public. »

A quel prix l'Angleterre a-t-elle acheté cette constitution qui semble ne convenir qu'à elle seule ? au prix de plus de cinq siècles de troubles, de guerres civiles et d'excès de tous genres, soit en despotisme, soit en anarchie. Pendant cinq cents ans, il ne fut pas donné aux habitans de cette île d'espérer de couler une existence tranquille, même en se soumettant au gouvernement établi. Les hommes les plus vertueux ne purent se flatter de ne pas terminer leur carrière sur l'échafaud ; nulle sécurité, nulle paix réelle n'existèrent ni dans les familles, ni dans l'État.

Remontons à l'époque de la grande charte, et prouvons rapidement ce que nous venons d'avancer.

Dans le treizième siècle, Jean-Sans-Terre, prince foible et haï de ses sujets, se laisse subjuguer par les barons, et consent à signer cette charte fameuse. Le peuple ne figuroit point encore dans cette constitution ; seulement le Roi ne pouvoit lever de contributions sans le consentement des barons, et ne pouvoit les faire arrêter arbitrairement : le bien public avoit été le prétexte de cette révolution ; le désir d'avilir et de perdre le Roi en avoit été le véritable motif.

Cette charte est déjà altérée sous le règne de Henri III, fils de Jean : il est obligé d'opposer les communes aux seigneurs. Edouard Ier lutte avec peine contre les prétentions parlementaires ; mais son fils, Edouard II, est dépouillé de son autorité, et meurt dans une prison de la main de ses sujets. Edouard III relève le trône : rival heureux de Philippe de Valois, il contient les factieux par ses victoires ; mais son malheureux fils, Richard II, voit ses ministres devenir les victimes de leur dévouement;

un rival lui est opposé : la maison de Lancastre fait agir la représentation nationale, et le monarque accusé, déposé, est assassiné par ses sujets dans une prison.

L'usurpateur, Henri de Lancastre, flatte les communes dont il a besoin. Viclef, docteur d'Oxford, attaque la religion, ses opinions se répandent ; Henri les favorise secrètement, et les communes, sous son règne, commencent à s'élever contre le clergé ; premier germe des horreurs qui souillèrent le règne des Tudor, et qui précipitèrent du trône les infortunés Stuart.

Henri V, afin de soutenir l'usurpation de son père, continue de flatter le parlement : c'est sous son règne que les communes acquièrent le droit de proposer les lois et de les rédiger. Ces lois doivent être approuvées par la chambre haute, et confirmées par le Roi. Les avantages qu'il remporte en France le préservent des suites de cette concession ; mais son fils en est victime. Henri VI lutte malheureusement contre le duc d'Yorck, héritier de Richard II, et soutenu par le parlement. Les factions de la rose rouge et de la rose blanche commencent leurs fureurs. Renversé du trône, puis rétabli, enfin, renversé de nouveau, le malheureux Henri périt encore de la main de ses sujets, et le fils de son ennemi monte sur le trône. Edouard d'Yorck proscrit la maison de Lancastre, et le parlement devient son instrument servile.

Mais aussitôt que ce prince redouté n'existe plus, les communes se déclarent contre son fils mineur ; il est égorgé par ses sujets, ainsi que son frère. Richard III règne quelques momens par la crainte. Renversé bientôt par le parlement qui a favorisé son usurpation, il est remplacé par Henri de Lancastre, chef de la dynastie des Tudor ; et le mariage de ce monarque avec une princesse d'Yorck, semble devoir éteindre les factions et réunir les deux roses.

Voilà donc dans l'espace de deux cent quatre-vingts ans, et depuis l'établissement de la grande charte, quatre rois détrônés par les parlemens, et périssant d'une mort violente! Que de milliers d'hommes moissonnés! que de malheurs publics et particuliers!

Ici commence une époque bien remarquable. Le pouvoir royal semble s'accroître au milieu des plus effroyables désordres. Le règne de Henri VII n'est orageux que par les prétendans imposteurs qui s'élèvent contre lui. Mais sous Henri VIII, on voit tous les excès du despotisme et de la licence. On doute encore, après avoir traversé notre révolution, que le peuple anglais ait pu souffrir tant de vexations, d'abus de pouvoir, de sanglans caprices et de rafinemens tyranniques. Qu'est devenu, se demande-t-on, ce parlement si redoutable aux infortunés Edouard II, Richard II, Henri VI et

Edouard V? Ce parlement partage les vues et
les fureurs du monarque ; il espère s'enrichir
de la dépouille des prêtres, et les innovations
deviennent l'objet de son enthousiasme ; sa
soumission aveugle est le prélude des plus
affreuses catastrophes : il applaudit au supplice
de deux reines, et l'esprit public qui se forme
alors, est le même qui conduira Charles Ier sur
l'échafaud.

Cet esprit ne fait que prendre de nouvelles
forces sous les règnes orageux d'Edouard VI
et de Marie, et sous le règne, en apparence
fortuné, d'Elisabeth, règne souillé encore par
le supplice d'une reine. Il devient redoutable
sous Jacques Ier, qui le contient avec peine ;
enfin, il éclate sous Charles Ier, qui ne peut
le modérer ; son courage, sa clémence, son
caractère vraiment royal, ne lui sont d'aucune
ressource : il tombe ; une république s'établit ;
un protectorat succède et fait trembler l'Eu-

rope; enfin, l'excès de maux, et surtout le peu d'ambition de Richard Cromwel , ramènent Charles II sur le trône de ses pères.

Qui n'auroit cru alors que la tranquillité étoit rétablie pour toujours ? Tout le monde avoit souffert pendant l'existence de la république et du protectorat ; on avoit éprouvé les maux du despotisme et de l'anarchie , et les partis s'étoient réunis autour du Roi, qui, ayant promis de tout oublier , avoit tenu parole. Cependant le parlement de 1680 lui prépare le même sort qu'à son père : il le casse, et ne le convoque plus jusqu'à la fin de son règne. Une révolution éclate sous son successeur, et la maison de Stuart est pour jamais privée du trône.

Quelques agitations se font encore sentir sous les règnes de Guillaume et d'Anne ; et c'est aux princes de la maison Brunswick qu'il paroît réservé de faire enfin jouir l'Angleterre de la tranquillité.

Voilà par quelles épreuves l'Angleterre a passé avant d'arriver au point où elle se trouve actuellement. Ne devons-nous pas frémir en pensant qu'il a fallu plus de cinq cents ans de malheurs pour établir cette balance de pouvoirs, si facile à concevoir dans la théorie, mais impossible à mettre en pratique, lorsque les mœurs des peuples n'y sont pas préparées ou y répugnent. La constitution anglaise n'a pas été, comme les nôtres, improvisée pour l'avantage et l'intérêt du moment. Elle a été le fruit de l'expérience des siècles ; ses différentes parties n'ont été conçues qu'à de longs intervalles et lorsque les mœurs les réclamoient : l'habitude les a consolidées ; et c'est ce qui explique cet amour des lois qui distingue les Anglais, amour qui peut seul les préserver des dangers de leur constitution.

Quelle différence entre notre situation et celle de l'Angleterre! là, tout tient à d'anciennes maximes adoptées par l'opposition comme par le ministère : dans les différends les plus animés, on connoît le point juste où il faut s'arrêter. L'orgueil, l'ambition même n'entraînent pas au delà des bornes marquées par l'intérêt de l'Etat. On est turbulent sans être séditieux ; et la baguette d'un juge de paix sans escorte, suffit pour dissiper un attroupement. En France, au contraire, des discours semblables à ceux qui se prononcent aux deux chambres, des pamphlets tels que ceux qui se distribuent, des ouvrages périodiques tels que ceux qui s'impriment, exciteroient des révoltes et pourroient causer des révolutions. Une scène pareille à celle de sir Burdett ébranleroit l'Etat.

La position géographique de l'Angleterre contribue encore à diminuer pour elle les dangers de sa constitution. Entouré par les mers, à l'abri des invasions, ce peuple conserve plus que les autres son caractère national ; il est moins exposé à l'influence étrangère ; et ses débats, n'étant presque jamais excités par ses voisins, se terminent sans que la sûreté de l'Etat soit compromise.

On peut conclure raisonnablement de toutes ces réflexions , qu'il n'y a aucune comparaison à faire avec l'Angleterre et la France dans la question qui nous occupe , et que la liberté de faire des motions, de proposer des lois dans les deux corps représentatifs , auroit chez tous les effets les plus funestes. Loin d'entretenir un bon esprit public, elle ne produiroit que des troubles et de nouveaux désastres.

Ceux qui croient que tout peut se perfectionner en un moment, demanderont peut-être qu'on fasse au moins l'essai de ce mode de représentation ; ils invoqueront le témoignage des membres les plus sages de l'assemblée dite constituante, qui ne trouvoient le salut de la France que dans les deux chambres, et qui abandonnèrent cette assemblée quand ils virent que leur système seroit rejeté. Nous répondrons que, depuis vingt-cinq ans, les essais, en matière de constitution, n'ont pas été heureux ; et nous invoquerons, à notre tour, le témoignage de Montesquieu, ce grand admirateur des lois anglaises : « *Je ne prétends point*, dit-il, *ravaler les autres gouvernemens, ni dire que cette liberté politique extrême doive mortifier ceux qui n'en ont qu'une modérée. Comment dirois-je cela, moi qui crois que l'excès même de la raison n'est pas toujours désirable, et que les hommes s'accommodent presque toujours mieux des milieux que des extrêmes ?* »

Il reste prouvé, je l'espère, que l'article 5 du projet de constitution ne peut avoir son exécution sans les inconvéniens les plus graves. Ainsi :

1°. Nos mœurs, notre situation actuelle ;

ne permettent pas de faire cet essai périlleux ;

2°. Deux chambres, avec l'initiative des lois, sont aussi dangereuses qu'une chambre unique ;

3°. L'exemple de l'Angleterre n'est rien pour nous.

La conclusion naturelle est que nous devons laisser au Roi seul l'initiative des lois. Il faut que lui seul puisse fixer les objets des débats des deux chambres. Le Roi connoît les besoins de toutes les parties de l'administration : c'est à lui seul à proposer les remèdes nécessaires. Il demande à ses sujets les fonds pour les dé-penses de l'Etat, et le corps représentatif consent librement les impôts. Toute motion, toute discussion qui s'éloigneroient de l'objet des propositions du Roi, doivent être interdites. Suivant l'esprit de notre ancienne constitution, moins orageuse que la constitution anglaise, et conformément aux usages de nos états-généraux et de nos parlemens , l'opposition en France ne doit jamais prendre l'initiative , elle ne doit jamais attaquer. Sa force ne doit pas être active ; et sa résistance, modérée par des lois sages et prévoyantes, doit toujours porter le caractère de la réserve et du respect. Telles sont les idées qui nous ont été transmises par nos pères : elles nous garantissent la paix ; elles sont vraiment françaises ; et tout porte à croire qu'elles seront préférées à des systèmes auxquels nos mœurs et notre situation ne peuvent se plier.

Nous sommes encore agités par mille passions diverses ; nous pouvons nous aveugler sur nos propres intérêts, et nous n'avons pas le calme nécessaire pour bien démêler ce qui convient à notre position actuelle. Le Roi que le ciel nous a rendu est étranger à toutes nos erreurs ; il n'a d'autre passion que l'amour de ses peuples ; il n'a d'autre désir que de concilier nos intérêts opposés, d'adoucir nos animosités, de calmer nos maux ; de régénérer nos mœurs, et de nous rendre, après tant de désastres, la paix et le bonheur. Confions-nous donc à sa bonté, à sa justice, et à cette sagesse qui, après avoir excité l'admiration des étrangers, va enfin répandre sur nous son heureuse influence.

FIN.